Vielen Dank für den Kauf dieses Buches.

Durch frühes Vorlesen förderst du die Sprachentwicklung deines Kindes. Es stärkt die Bindung zu deinem Kind und es macht Spaß, gemeinsam kleine Abenteuer zu lesen. Kinder lernen beim Vorlesen spielerisch und ohne Druck. Es schult die Konzentration, fördert die Fantasie und macht Kinder schlau und empathisch.

ISBN 978-3-903420-23-6
1. Auflage 2023
© Mag. Barbara Lachner
Alle Rechte vorbehalten

www.barbaralachner.at

Tierische Karottensuche im Wald

Eine Geschichte über
Hilfsbereitschaft und Dankbarkeit

Barbara Lachner

Inhalt

Das kleine Hasenmädchen Lilly und die verlorenen Karotten — 6

Das Eichhörnchen Balou bietet seine Hilfe an — 13

Die drei Mäusegeschwister Minny, Roxy und Pinky sind sofort zur Stelle — 17

Biene Emma und Schmetterling Susi und die orangene Verwechselung — 22

Der Fuchs Aiko, der Bär Pauli und ihre Kinder teilen gerne ihr Essen — 27

Der Biber Willi befreit die eingeklemmte Karotte — 31

Das aufgeweckte Rehlein Wirbelwind holt die siebte Karotte zurück — 35

Die Vogelfamilie Zwitscher und die Stinktierdame
Miss Puh helfen bei der Karottensuche   38

Die müde Eule Lea entdeckt eine Karotte im
Gebüsch   43

Das Schulanfänger-Küken Gigi und die
Karotten-Schultüte   46

Der kleine Kater Tiger hat eine Karotte im
Stiefel versteckt   50

Wolf Jesper und sein Freund Igel Ingo finden
sich auch im Dunkeln zurecht   57

Ein Möhrenfestschmaus bei Familie Hase   61

DAS KLEINE HASENMÄDCHEN LILLY UND DIE VERLORENEN KAROTTEN

Es ist ein sonniger Tag, als das kleine Hasenmädchen Lilly singend durch den Wald hoppelt. Zum Geburtstag hat sie von ihrem großen Bruder, dem Hasen Mümmel, einen schönen neuen Rucksack bekommen, den sie nun jeden Tag trägt. Als sie beim Bauernhof der Familie Sonnenschein vorbeikommt, erblickt sie neben einem Feld einen Berg voller Karotten. Da wurde Lilly neugierig und wollte wissen, wie viele Karotten in ihren Rucksack passen. Insgesamt Dreizehn haben Platz.

Die zwei übrig gebliebenen Karotten wollte Lilly jedoch nicht einfach so liegen lassen. Mit schnellen Bissen verspeiste Lilly genüsslich die beiden Karotten und hängte sich ihren vollgepackten Rucksack um. Stolz trägt sie ihn nach Hause. Die gesammelten Karotten will sie heute Abend mit Mümmel und ihren anderen Hasengeschwistern teilen.

Unter einer großen alten Weide neben dem großen Wald befindet sich der Hasenbau von Lillys Familie. „Hallo Mümmel", ruft Lilly, als sie endlich wieder daheim ist. „Ich habe dreizehn Karotten in meinem neuen Rucksack mit nach Hause gebracht.

Möchtest du sie sehen?"
Da ist Mümmel sofort Feuer und Flamme. Doch als sie gemeinsam in Lillys Rucksack schauen, sind beide schwer enttäuscht: Alle Karotten sind verschwunden! Nur ein großes Loch klafft im Boden des Rucksacks. Bei der Naht zupft sie eine große Rosendorne heraus.
„Oh nein", schluchzt Lilly unter Tränen, „ich muss bei dem großen Rosenstrauch neben dem Feld hängengeblieben sein und habe mir ein Loch in den Rucksack gerissen, als ich vorbei hoppelte. Ich habe alle Karotten auf dem Weg nach Hause verloren!"
Mümmel nimmt seine kleine

Schwester tröstend in den Arm. „Ist doch nicht so schlimm, wir können neue Karotten holen."
Aber Lilly schüttelt den Kopf. „Es gab nur fünfzehn Karotten auf dem Feld! Und die zwei, die nicht in den Rucksack gepasst haben, habe ich gleich gegessen", gibt sie bedrückt zu. „Wir müssen heute Abend hungern!"

DAS EICHHÖRNCHEN BALOU BIETET SEINE HILFE AN

In diesem Moment huscht das Eichhörnchen Balou, Lillys allerbester Freund, von einem Baum nebenan herunter und umarmt seine Freundin. Balou hat alles mitangehört. „Oder wir finden einfach deine verschwundenen Karotten wieder", schlägt er vor. „Wie soll das denn gehen?", gibt Lilly schniefend zurück. „Ich weiß doch gar nicht mehr genau, wo ich überall entlang gehoppelt bin. Ich hatte so viele schöne Erlebnisse beim Nachhausegehen. Ich habe mit meiner Freundin, Biene Emma

geredet, an den duftenden Blumen gerochen und der Vogelfamilie Zwitscher beim Singen zugehorcht."
„Wir sind doch Freunde, oder? Und Freunde halten zusammen. Gemeinsam und mit der Hilfe unserer vielen Freunde finden wir jede einzelne Karotte wieder, das verspreche ich dir!"
Das kleine Hasenmädchen Lilly ist unendlich dankbar für so viel Hilfsbereitschaft. Sie putzt sich mit einem Taschentuch die Nase, bevor sich die drei auf den Weg zurück in den Wald begeben, um zum Bauernhof der Familie Sonnenschein zu gelangen. Und tatsächlich: Sie müssen gar nicht weit gehen, da finden sie schon die

allererste Karotte. Sie liegt direkt in der Nähe, ein bisschen versteckt unter einem Haselnussstrauch. Etwas erleichtert möchte Lilly die Karotte wieder in den Rucksack packen, als sie erneut bemerkt, dass der Rucksack ja immer noch ein Loch hat. Was nun?

DIE DREI MÄUSEGESCHWISTER MINNY, ROXY UND PINKY SIND SOFORT ZUR STELLE

Zum Glück kommen im selben Moment die drei Mäusegeschwister Minny, Roxy und Pinky auf Lilly, Mümmel und Balou zugelaufen. Erstaunt reißt Lilly die Augen auf, als sie sieht, dass die Mäusekinder zu dritt eine große Karotte tragen. Sie ächzen und stöhnen, denn anscheinend sind sie schon einen weiten Weg mit der Karotte gelaufen. „Das ist doch deine Karotte, oder?", ruft Minny dem Hasenmädchen Lilly zu.
„Wir haben gesehen, wie sie dir

vorhin aus dem Rucksack gefallen ist", erklärt Pinky atemlos, „aber du warst zu schnell weg."
„Ich danke sehr!" Überglücklich nimmt Lilly die zweite wiedergefundene Karotte entgegen. „Ich weiß nur nicht, wie ich sie tragen soll", seufzt sie kurz darauf. „Mein Rucksack hat ein großes Loch."
Die kleine Maus Roxy schnappt sich sogleich ihren eigenen kleinen Rucksack und wühlt darin herum. „Das ist gar kein Problem", murmelt sie. „Meine Geschwister und ich lieben es, zu basteln und zu malen. Wir haben immer ein paar Bastelsachen dabei. Natürlich auch Faden, Nadel und Schere!"

Triumphierend hält Roxy ein kleines Nähset in die Luft, dann rennt sie zu Lillys Rucksack und beginnt, das Loch zu nähen.
„Fertig!", ruft sie ein paar Minuten später. „Jetzt kannst du deine Karotten wieder im Rucksack sammeln." Überglücklich und dankbar für diese rasche Hilfe umarmt Lilly alle Mäusekinder, packt ihre beiden Karotten ein und setzt zusammen mit ihrem Bruder Mümmel und ihrem Eichhörnchenfreund Balou ihren Weg in den Wald fort.

BIENE EMMA UND SCHMETTERLING SUSI UND DIE ORANGENE VERWECHSELUNG

Kurze Zeit später hören die drei Freunde in der Nähe ein Kichern.
„Ach Emma, du bist ja eine lustige Biene! Du sitzt auf einer Karotte, nicht auf einer Blume!"
Im selben Augenblick entdecken Lilly und die beiden anderen die Biene Emma, die auf einer Karotte sitzt, und Schmetterling Susi, die kichernd auf einer orangen Blüte in der Nähe landet.
„Ups", lacht nun auch Biene Emma, als ihr die kleine Verwechselung auffällt. „Aber wer kann schon

ahnen, dass mitten im Wald eine Karotte liegt?"

„Das ist meine", erklärt Lilly, „ich habe sie vorhin verloren, weil mein Rucksack ein Loch hatte."

„Wir versuchen, alle dreizehn Karotten wiederzufinden", fügt der Hase Mümmel hinzu, während Lilly ihre dritte Karotte in den Rucksack packt.

„Oh, dann viel Erfolg", wünscht Schmetterling Susi.

„Wir halten die Augen nach weiteren Karotten offen und holen euch sofort, falls wir noch eine finden", verspricht Biene Emma.

„Genau! Beim Fliegen sehen wir alles viel besser."

"Danke, ihr beiden", rufen Balou, Lilly und Mümmel, bevor sie ihre Karottensuche fortsetzen.

DER FUCHS AIKO, DER BÄR PAULI UND IHRE KINDER TEILEN GERNE IHR ESSEN

Ein lautes Knurren unterbricht kurz darauf die Suche der drei Freunde. „Das war mein Magen", erklärt der Hase Mümmel, „ich habe wirklich Hunger."
Da ertönt eine Stimme ganz in der Nähe: „Niemand soll Hunger haben müssen! Wollt ihr ein paar Beeren naschen?" Es ist der Fuchs Aiko, der sich gemeinsam mit seinem Freund, dem Bären Pauli und ihren zwei kleinen Kindern gerade das Abendessen schmecken lässt.
Da brauchen Mümmel, Lilly und

Balou keine zweite Einladung!
Hungrig vertilgen sie gemeinsam
etliche Walderdbeeren, Himbeeren
und Heidelbeeren.
„Danke, dass ihr uns etwas von euren
Beeren abgegeben habt. Das war
sehr nett von euch", sagt Lilly, als
die drei ihren Hunger gestillt haben.
Plötzlich strahlt sie über beide
Ohren. Sie hat nämlich im selben
Moment hinter einem Baumstumpf
eine weitere Karotte entdeckt.
Fröhlich packt sie auch die vierte
Karotte in ihren Rucksack – und
findet direkt noch eine!
„Hier habe ich gleich zwei Karotten
verloren", stellt sie erleichtert fest
und nimmt auch die fünfte Karotte

wieder mit. Die drei verabschieden sich bei Aiko und den anderen, bevor sie weitersuchen.

DER BIBER WILLI BEFREIT DIE EINGEKLEMMTE KAROTTE

Als die drei einen kleinen Bach überqueren müssen, entdecken sie schließlich die sechste Karotte. Sie hat sich unter einem umgekippten Baumstamm versteckt. Doch als Lilly losläuft, um sie sich zu schnappen, bewegt sich die Karotte keinen Zentimeter.
„Sie klemmt", ruft das Hasenmädchen verzweifelt. Auch, als das Eichhörnchen Balou und der Hase Mümmel ihr zur Hilfe eilen, lässt sich die Karotte nicht befreien.
„Wir rollen den Baumstamm weg", schlägt Mümmel vor, doch sie

schaffen es nicht.
Wieder einmal haben die drei Freunde Glück, denn der hilfsbereite Biber Willi hat sie beobachtet und ihr Problem bemerkt.
„Ich helfe euch. Mit meinen Nagezähnen zerlege ich den Baumstamm. Dann schieben wir ihn von der Karotte herunter."
Tatsächlich nagt der Biber Willi den Baumstamm in wenigen Minuten einfach kaputt. Die drei Freunde staunen. Mit vereinten Kräften rollen sie schließlich den kleinen, abgenagten Baumstumpf von der Karotte herunter. Dankbar packt Lilly sie in ihren Rucksack.
„Der Zusammenhalt hier im Wald ist

einfach super!", freut sie sich und verabschiedet sich von Biber Willi.

DAS AUFGEWECKTE REHLEIN WIRBELWIND HOLT DIE SIEBTE KAROTTE ZURÜCK

Die drei Freunde müssen gar nicht lange weitersuchen, denn auf einmal vernehmen sie eine Stimme über sich. „Kommt mit, wir haben eine deiner Karotten entdeckt", rufen die Biene Emma und der Schmetterling Susi wie aus einem Mund. Eichhörnchen Balou und die beiden Hasengeschwister folgen den beiden fliegenden Freunden und finden besagte Karotte. Doch es gibt ein Problem: Sie liegt hinter einem alten Zaun.
„Irgendein Waldtier muss sie dort

abgelegt haben, denn ich war vorhin gar nicht hinter dem Zaun", stellt Lilly nachdenklich fest.

„Wir müssen uns unter dem Zaun durchgraben", seufzt Hase Mümmel, „das wird sicher anstrengend."

„Zum Glück habt ihr mich", ruft da das aufgeweckte Rehlein Wirbelwind. „Ich bin der Waldbewohner, der am höchsten und am weitesten springen kann!"

Schon zeigt das Rehlein, was es meint, und springt mit Anlauf über den Zaun. Wirbelwind schnappt sich die Karotte mit dem Mäulchen und hüpft wieder zurück.

„Super, ihr drei habt uns sehr geholfen, tausend Dank", freut sich

Lilly, als sie ihre siebte Karotte zu den anderen in den Rucksack steckt. Voller Tatendrang laufen die drei Freunde weiter, um auch die restlichen Karotten im Wald zu finden.

DIE VOGELFAMILIE ZWITSCHER UND DIE STINKTIERDAME MISS PUH HELFEN BEI DER KAROTTENSUCHE

Nach ungefähr zehn Minuten stoßen die drei tierischen Freunde auf die Vogelfamilie Zwitscher, die auf dem Zweig eines Kirschbaumes sitzt und sie schon eine Weile bei ihrer Suche beobachtet. Auch die vier Vögel wollen gerne helfen.

„Wir haben zwar keine Karotte gefunden, aber wir könnten ein Lied über eure Suche zwitschern", schlägt die Vogelmama vor.

„Das ist eine gute Idee!", stimmt der Vogelpapa zu, „dann hören die

anderen Waldtiere von eurer Not und können die Augen aufhalten."
Gesagt, getan: Die beiden Vogelkinder und ihre Vogeleltern stimmen lautstark ein Lied an. Zur Melodie von „Wer hat die Kokosnuss geklaut?" singen sie mehrmals hintereinander: „Drei Tiere rasen durch den Wald, finden hoffentlich die Karotten bald, und die Familie Zwitscher ruft: Wo sind die Karotten hin? Wo sind die Karotten hin? Wer hat die Karotten gesehen?"
Von dem Vogelgezwitscher angelockt, kommt kurz darauf die Stinktierdame Miss Puh über einen kleinen Strauch gesprungen. Tatsächlich trägt sie unter jedem

Arm eine von Lillys Karotten!

„Ich wollte eigentlich einen Eintopf mit den Karotten kochen, aber ich brauche sie nicht unbedingt. Ich kann stattdessen auch Pastinaken verwenden. Hier, Lilly, hast du deine Karotten wieder."

„Ein großes Danke an euch Sänger und auch an dich, Miss Puh", ruft Lilly lachend und packt die achte und die neunte Karotte in ihren Rucksack.

DIE MÜDE EULE LEA ENTDECKT EINE KAROTTE IM GEBÜSCH

Die drei Freunde sind schon eine ganze Weile unterwegs. „Wir finden niemals alle Karotten", jammert Lilly irgendwann, weil sie von der langen Suche schon ein bisschen müde ist. „Doch! Mit dem Zusammenhalt aller Tiere wird es uns gelingen!", behauptet das Eichhörnchen Balou weiterhin.

Von den Stimmen der drei Freunde wird die Eule Lea auf ihrem Ast wach. Gerade hat sie noch tief und fest geschlafen, schließlich ist es immer noch hell. Gähnend öffnet sie ein Auge und entdeckt sofort eine

Karotte unter einem Busch direkt neben dem Hasen Mümmel.
„Schau mal nach links", fordert sie den Hasen auf. Nun finden auch die drei Freunde die zehnte Karotte. Erleichtert packt Lilly sie ein, dann sagt sie: „Danke, Lea, dass du uns geholfen hast, obwohl wir dich geweckt haben und du doch noch müde sein musst."
„Ich helfe immer gerne, wenn andere in Not sind. Aber beeilt euch", ruft die Eule Lea von ihrem Ast herunter, „bald bricht die Nacht herein, dann werdet ihr die anderen Karotten nicht mehr finden." Also machen sich die drei Freunde schleunigst wieder auf den Weg.

DAS SCHULANFÄNGER-KÜKEN GIGI UND DIE KAROTTEN-SCHULTÜTE

Suchend sehen sich Lilly, Mümmel und Balou nach weiteren Karotten um. Dabei kommen sie dem Rosenstrauch neben dem Bauernhof der Familie Sonnenschein immer näher. Doch statt einer Karotte entdecken sie nach einiger Zeit nur das kleine Küken Gigi – und trauen ihren Augen kaum. Gigi hat eine Karotte unter ihren Flügel geklemmt und läuft damit fröhlich gackernd auf der Wiese der Hühner hin und her.

„Hey! Was machst du denn mit der Karotte? Weißt du, die gehört nämlich

Lilly!", ruft das Eichhörnchen Balou. Doch das Küken hält sie ganz fest. „Ich habe die Karotte vorhin gefunden. Ich komme bald in die Schule und ich spiele gerade Schulanfang. Die Karotte ist meine Schultüte. Die bekommt nämlich jedes Kükenkind zur Einschulung." „Aber wir brauchen die Karotte fürs Abendessen, sonst werden meine Hasenfamilie und ich nicht satt! Kannst du bitte einen anderen Gegenstand als Schultüte zum Spielen verwenden, Gigi?", fragt Lilly. Sie erinnert sich gut, was ihre Mama ihr zum Thema Höflichkeit beigebracht hat: Man muss immer bitte und danke sagen, wenn man etwas möchte.

„Schau, dieser rote Paprika vom Feld könnte doch deine Schultüte sein", schlägt der Hase Mümmel vor, pflückt ihn und überreicht ihn Gigi. Gigi überlegt noch kurz, ist aber dann mit dem Tausch zufrieden.

„Hier, bitte, ich wusste ja nicht, dass das deine Karotte ist."

Dankbar nimmt Lilly die elfte Karotte entgegen.

DER KLEINE KATER TIGER HAT EINE KAROTTE IM STIEFEL VERSTECKT

Im selben Moment kommt der kleine Kater Tiger vorbei, der ebenfalls bei der Familie Sonnenschein wohnt.
„Ich habe gehört, ihr seid auf der Suche nach Karotten, stimmt das?"
Lilly nickt eifrig. „Hast du denn eine gefunden?"
„Ja! Kommt mit, ich zeige euch, wo ich sie versteckt habe."
Das Eichhörnchen Balou, der Hase Mümmel und das Hasenmädchen Lilly folgen dem aufgeregten Kater bis zum Haus der Familie Sonnenschein, wo ein paar Schuhe der Eltern und der Kinder vor der

Tür stehen.

„Seit ich mich in einer kalten Nacht in einem Stiefel versteckt habe und dann von der lieben Familie Sonnenschein adoptiert wurde, bringe ich all meine Schätze und Fundsachen hierher und lege sie in einen Schuh. So habe ich es auch mit deiner Karotte gemacht!" Tiger fischt die Karotte mit der Pfote aus einem der Kinderschuhe und gibt sie Lilly zurück, die sich freudig bedankt.

Der kleine Kater erwidert wissend: „Kein Problem! Ich weiß doch, wie wichtig es ist, von anderen Hilfe zu bekommen."

Lilly umarmt den kleinen Kater.
„Vielen Dank, Tiger!"
Die beiden Hasenkinder und das Eichhörnchen Balou laufen freudig wieder in Richtung Wald zurück.

WOLF JESPER UND SEIN FREUND IGEL INGO FINDEN SICH AUCH IM DUNKELN ZURECHT

Nun fehlt nur noch eine einzige Karotte! Sie suchen alle Felder und Wiesen in der Nähe des Bauernhofs der Familie Sonnenschein ab, aber sie werden einfach nicht fündig.
„Hier ist die dreizehnte Karotte anscheinend nicht", murmelt das Eichhörnchen Balou entmutigt.
„Wahrscheinlich haben wir doch vorhin eine Karotte im Wald übersehen", vermutet der Hase Mümmel niedergeschlagen.
„Aber es wird schon langsam dunkel. Ich denke, die letzte Karotte finden

wir nicht, denn im düsteren Wald können wir ja gar nicht mehr richtig sehen", seufzt das Hasenmädchen Lilly unglücklich. „Dann verzichte ich heute Abend auf meine Karotte."
Glücklicherweise werden in diesem Moment der Wolf Jesper und sein bester Freund Ingo, der Igel, auf sie aufmerksam.
„Ihr seid auf der Suche nach einer Karotte im Wald? Wir können euch helfen! Wir sind nachtaktiv und finden uns auch im Dunkeln zurecht. Kommt mit!", fordert der freundliche Wolf die beiden Hasengeschwister und das Eichhörnchen Balou auf.
„Na bitte, wer sagt es denn?", ruft der kleine Igel Ingo nach einer Weile. „Da

habe ich doch richtig geschnuppert. Lilly, hier liegt deine Karotte!" Ingo deutet auf eine Stelle im hohen Gras. Nun erkennen auch die anderen die Karotte im Licht des Mondes.
„Vielen, vielen Dank", stammelt Lilly und umarmt den stacheligen Igel Ingo vorsichtig. Auch dem Wolf Jesper gibt sie zum Dank höflich die Hand.

EIN MÖHRENFESTSCHMAUS BEI FAMILIE HASE

Das kleine Hasenmädchen Lilly ist überglücklich und dankbar. Mit der Hilfe ihrer Freunde ist es ihr gelungen, alle Karotten wiederzufinden. Erschöpft, aber zufrieden verabschieden sich die Hasengeschwister Lilly und Mümmel beim Eichhörnchen Balou. Danach laufen sie schnell nach Hause. Dort warten schon sehnsüchtig die anderen Hasenkinder und ihre Haseneltern.
„Wo wart ihr denn so lange? Wir haben uns Sorgen gemacht!", ruft die Hasenmama und schließt ihre

beiden Hasenkinder fest in die Arme. Stolz erzählen Lilly und Mümmel von ihrem Abenteuer.

„Nur mit der Hilfe unserer tierischen Freunde ist es uns gelungen, alle Karotten zurückzuholen", erklärt Lilly, während sie eine Karotte nach der anderen aus ihrem Rucksack auspackt. „Ich bin ihnen so dankbar! Heute Abend haben wir dreizehn Karotten."

Mama und Papa Hase lachen.

„Das habt ihr großartig gemacht. Wir haben auch noch Rüben und Löwenzahn besorgt. Heute gibt es einen richtigen Festschmaus!"

Die hungrigen Hasen versammeln sich am Tisch und beginnen,

ihre Karotten, Rüben und Löwenzahnblätter zu verputzen.
„Die Karotten sind köstlich", seufzt Mümmel, während er an seiner nagt, „da hat sich die ganze Anstrengung wirklich gelohnt!"

Nach dem Abendessen bringen Mama und Papa Hase alle Hasenkinder in ihre Betten. Mümmel und Lilly teilen sich einen Schlafplatz und kuscheln sich dicht aneinander. Mama und Papa Hase streicheln ihnen noch einmal sanft über die Köpfe.
„Es war großartig von euch, dass ihr euch die Mühe gemacht habt, im ganzen Wald nach den Karotten zu

suchen."

„Alleine hätten wir das nie geschafft", gibt Lilly zu und gähnt herzhaft. Es war ein anstrengender Tag, und so langsam werden ihre Hasenaugen schwer.

Mümmel neben ihr nickt zustimmend. „Ohne Balou und die anderen Tiere wären wir jetzt nicht so satt und glücklich."

„Mit unseren Freunden können wir nicht nur Spaß haben und Blödsinn machen", ergänzt Lilly und reibt sich ihre müden Augen, „auch, wenn wir einmal Hilfe brauchen, sind sie immer für uns da."

Die Hasenmama lächelt. „Es ist wichtig, solche Freunde zu haben.

Und jetzt schlaft schön, ihr zwei Abenteurer."
„Gute Nacht", murmeln Lilly und Mümmel wie aus einem Mund – und wenige Atemzüge später sind sie eingeschlafen.

Ausmalseiten

Lilly benötigt deine Hilfe!

Die Farben sind verschwunden. Bitte hilf ihr und male sie in deinen Lieblingsfarben mit Buntstiften an.

Hat dir das Buch gefallen?

Ich würde mich sehr über eine Rezension freuen.

Schreibe mir gerne per Mail, wenn du Wünsche, Kritik oder Anregungen für mich hast: info@barbaralachner.at

Melde dich gerne zu meinem Newsletter an!
QR-Code einscannen:

https://barbaralachner.at/newsetter

Mag. Barbara Lachner

Autorin, Berufsfotografin und Zwillingsmama von insgesamt 3 Söhnen.

Mir sind die schönen Momente rund um meine Kinder und Familie sehr wichtig. Geht es dir auch so? Dann findest du bei mir unter anderem diese Bücher:

Mit meinem Buch „Babys und Kinder mit dem Smartphone fotografieren" zeige ich dir, wie du deine Lieblinge mit dem Handy schnell und professionell ablichtest. Schließlich ist es jede Erinnerung mit deinem Schatz wert, festgehalten zu werden.

Eine schöne Kuschel- und Vorlesezeit bietet dir mein lehrreiches Erstlesebuch: „Die Honigbiene Emma: Woher kommt der Honig und warum sind Bienen so wichtig?"

Meine Ausmal- und Bastelbücher bieten eine kreative Beschäftigung für glückliche Kinder.

An den Notizbüchern und Tagebüchern der „Mama-Baby-Serie" haben auch die Kleinen ihre Freude und können nach Lust und Laune darin malen und zeichnen. Du kannst aus vielen liebevoll gestalteten Motiven wählen und darin die Meilensteine und wunderschönen Momente mit deinen Kindern niederschreiben und für immer festhalten.

Diese Bücher eignen sich auch perfekt als Geschenk für Mamas bzw. bereits in der Schwangerschaft. Zusätzlich arbeite ich gerade an vielen weiteren Büchern für dich und deine Familie. Ich halte dich auf dem Laufenden. Melde dich gerne dafür zu meinem Newsletter an.

Ausmal- und Bastelbücher:

Notiz- und Tagebücher:

Entdecke auch die anderen liebevoll gestalteten Bücher

von Barbara Lachner!

QR-Code einscannen:

ISBN 978-3-903420-23-6
1. Auflage 2023
© Mag. Barbara Lachner
Alle Rechte vorbehalten.

Kontakt:
info@barbaralachner.at
Am Freihof 16, 1220 Wien

www.barbaralachner.at

Printed in Poland
by Amazon Fulfillment
Poland Sp. z o.o., Wrocław